Impressum
Verlag: BABADADA GmbH, Nedderfeld 112 , 22529 Hamburg
Geschäftsführer / Verlagsleitung: Harald Hof
Druck: Books on Demand GmbH, In de Tarpen 42, 22848 Norderstedt

Imprint
Publisher: BABADADA GmbH, Nedderfeld 112 , 22529 Hamburg, Germany
Managing Director / Publishing direction: Harald Hof
Print: Books on Demand GmbH, In de Tarpen 42, 22848 Norderstedt, Germany

# escola
# школа

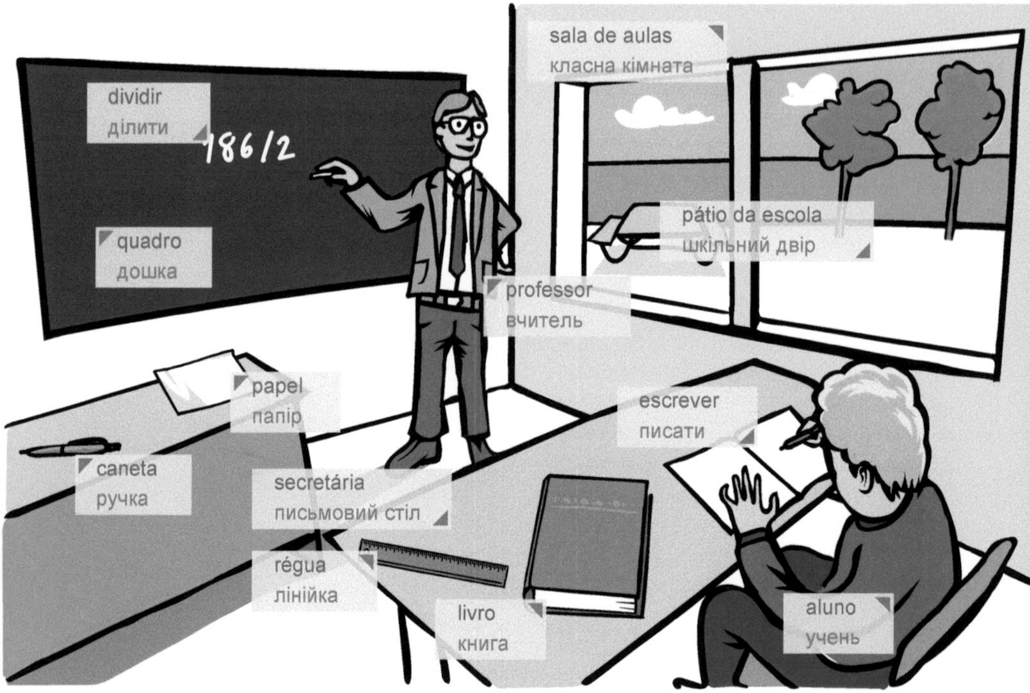
sala de aulas
класна кімната
dividir
ділити
186/2
quadro
дошка
pátio da escola
шкільний двір
professor
вчитель
papel
папір
escrever
писати
caneta
ручка
secretária
письмовий стіл
régua
лінійка
livro
книга
aluno
учень

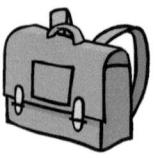

mochila

ранець

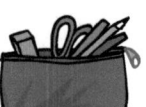

estojo de lápis

пенал

lápis

олівець

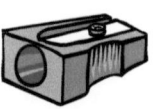

afia-lápis

точило

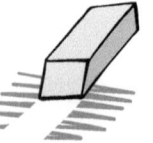

borracha

гумка

bloco de desenho

альбом для малювання

desenho

малюнок

pincel

пензель

caixa de tintas

коробка фарб

tesoura

ножиці

cola

клей

livro de exercícios

зошит

trabalhos de casa

домашнє завдання

número

число

somar

додавати

subtrair

віднімати

multiplicar

множити

calcular

рахувати

letra

літера

alfabeto

абетка

palavra

слово

texto

текст

ler

читати

giz

крейда

hora

година

registo de presenças

класний журнал

exame

екзамен

certificado

диплом

uniforme escolar

шкільна форма

educação

освіта

enciclopédia

лексикон

universidade

університет

microscópio

мікроскоп

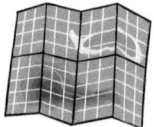

mapa

карта

cesto de lixo

кошик для паперу

# viagem

# подорож

hotel
готель
Grand
hostel
турбаза
ROOMS
casa de câmbio
обмінний пункт
mala
валіза
carro
автомобіль

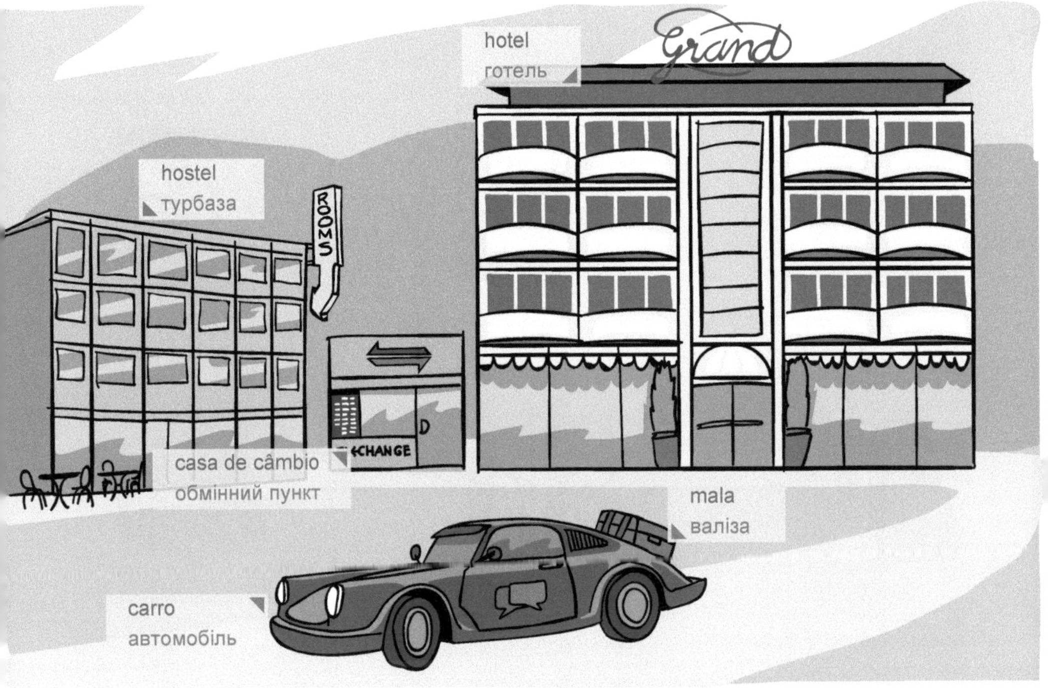

idioma

мова

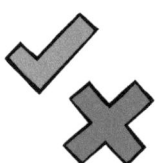

sim / não

так / ні

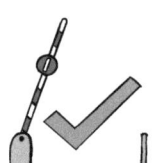

ok / certo / correto

добре

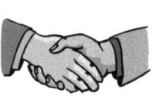

olá

привіт

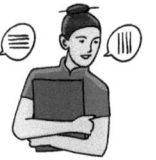

intérprete

перекладач

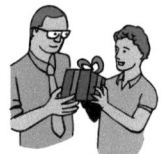

obrigado

дякую

quanto é que custa... ?

Скільки коштує ...?

não entendo

Я не розумію

problema

проблема

boa noite!

Добрий вечір!

Bom dia!

Доброго ранку!

Boa noite!

На добраніч!

adeus

До побачення

direção

напрямок

bagagem

багаж

saco

сумка

mochila

рюкзак

convidado

гість

quarto

кімната

saco-cama

спальний мішок

tenda

намет

informação turística

туристична інформація

praia

пляж

cartão de crédito

кредитна картка

pequeno-almoço

сніданок

almoço

обід

jantar

вечеря

bilhete

квиток

elevador

ліфт

selo postal

поштова марка

fronteira

межа

alfândega

митниця

embaixada

посольство

visto

віза

passaporte

паспорт

# transporte
# транспорт

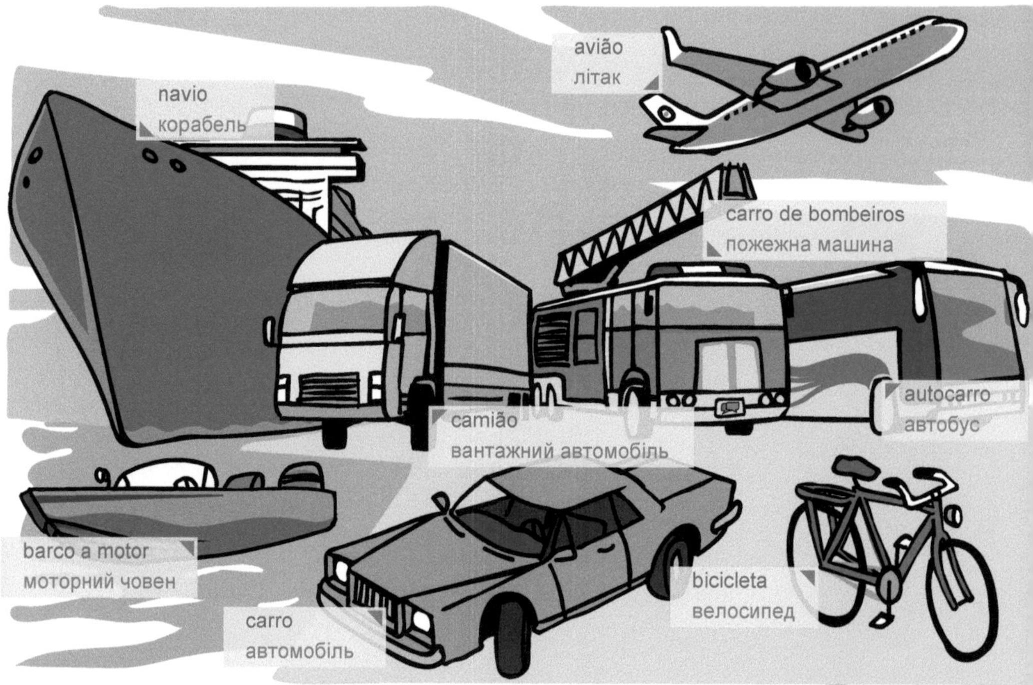

navio
корабель
avião
літак
carro de bombeiros
пожежна машина
autocarro
автобус
camião
вантажний автомобіль
barco a motor
моторний човен
bicicleta
велосипед
carro
автомобіль


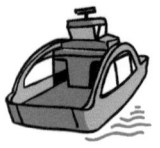

cacilheiro

пором

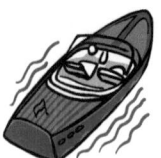

barco

човен

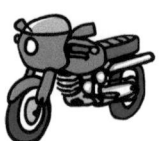

mota

мотоцикл

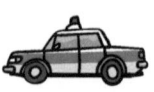

carro de polícia

поліцейська машина

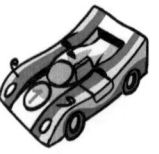

carro de corrida

гоночний автомобіль

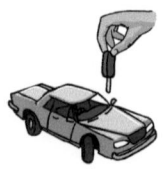

carro alugado

автомобіль на прокат

carsharing

спільне користування авто

camião de reboque

евакуатор

camião do lixo

сміттєвоз

motor

двигун

combustível

паливо

estação de serviço

автозаправна станція

sinal de trânsito

дорожній знак

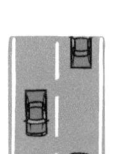

trânsito

рух

congestionamento de trânsito

затор

parque de estacionamento

стоянка

estação ferroviária

вокзал

carris

рейки

comboio

потяг

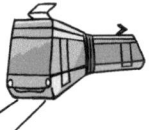

elétrico

трамвай

carruagem

вагон

helicóptero

гелікоптер

aeroporto

аеропорт

torre

вежа

passageiro

пасажир

contentor

контейнер

caixa de papelão

коробка

carrinho

візок

cesto

кошик

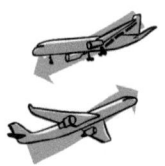

levantar voo / aterrar

стартувати / приземлятися

# cidade

## місто

aldeia

село

centro da cidade

центр міста

casa

дім

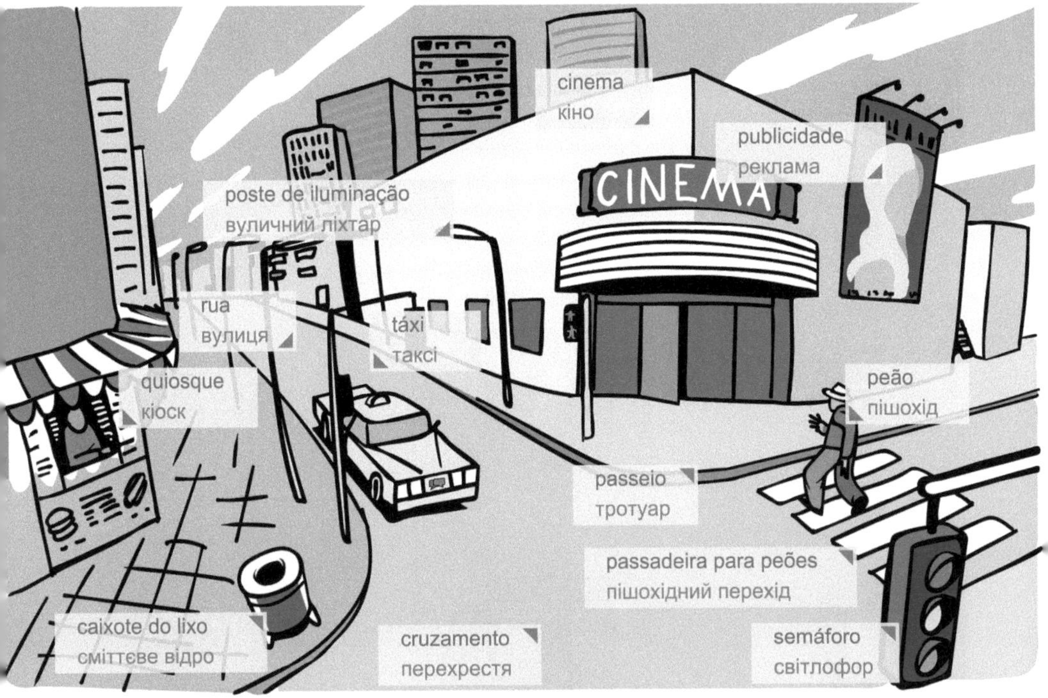

cinema
кіно

publicidade
реклама

poste de iluminação
вуличний ліхтар

CINEMA

rua
вулиця

táxi
таксі

peão
пішохід

quiosque
кіоск

passeio
тротуар

passadeira para peões
пішохідний перехід

caixote do lixo
сміттєве відро

cruzamento
перехрестя

semáforo
світлофор

cabana

хатина

apartamento

квартира

estação ferroviária

вокзал

câmara municipal

ратуша

museu

музей

escola

школа

universidade

університет

banco

банк

hospital

лікарня

hotel

готель

farmácia

аптека

escritório

офіс

livraria

книжковий магазин

loja

магазин

florista

квітковий магазин

supermercado

супермаркет

mercado

ринок

loja de departamentos

універмаг

peixaria

торговець рибою

centro comercial

торговельний центр

porto

гавань

parque

парк

banco

лава

ponte

міст

escadas

сходи

metro

метро

túnel

тунель

paragem de autocarro

автобусна зупинка

bar

бар

restaurante

ресторан

caixa de correio

поштова скринька

sinal de trânsito

вулична табличка

parquímetro

лічильник паркування

jardim zoológico

зоопарк

piscina

басейн

mesquita

мечеть

quinta

ферма

poluição

забруднення навколишнього середовища

cemitério

кладовище

igreja

церква

parque infantil

дитячий майданчик

templo

храм

## paisagem

## ландшафт

folha
листок

placa de sinalização
вказівний стовп

caminho
шлях

prado
луг

pedra
камінь

árvore
дерево

caminhantes
мандрівник

rio
річка

relva
трава

flor
квітка

vale

долина

montanha

гора

lago

озеро

floresta

ліс

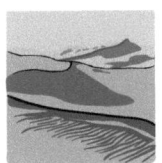

deserto

пустеля

vulcão

вулкан

castelo

замок

arco-íris

веселка

cogumelo

гриб

palma

пальма

mosquito

комар

mosca

муха

formiga

мурашка

abelha

бджола

aranha

павук

besouro

жук

sapo

жаба

esquilo

вивірка

ouriço

їжак

lebre

заєць

coruja

сова

pássaro

птах

cisne

лебідь

javali

кабан

veado

олень

alce

лось

barragem

гребля

turbina eólica

вітряк

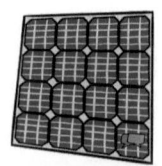

painel solar

сонячний модуль

clima

клімат

# restaurante

# ресторан

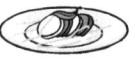

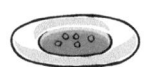

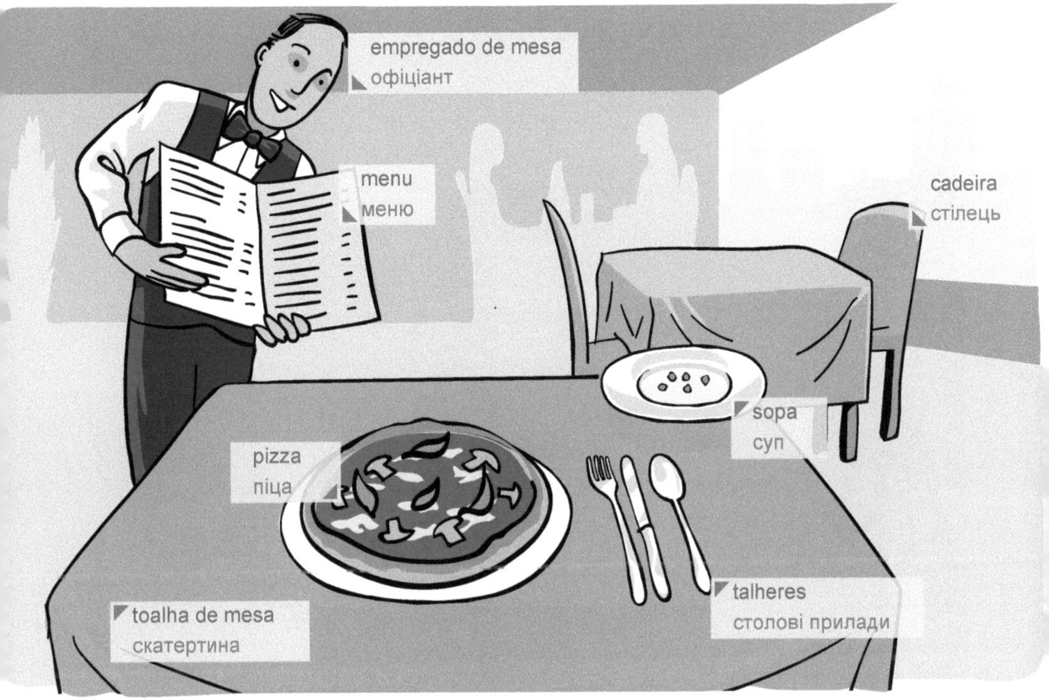
empregado de mesa
офіціант
menu
меню
cadeira
стілець
sopa
суп
pizza
піца
talheres
столові прилади
toalha de mesa
скатертина

entrada

закуска

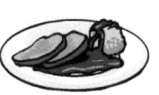

prato principal

друга страва

sobremesa

десерт

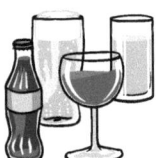

bebidas

напої

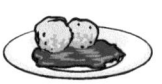

comida

їжа

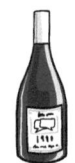

garrafa

пляшка

fast food

фаст-фуд

comida de rua

вулична їжа

bule de chá

чайник

açucareiro

цукорниця

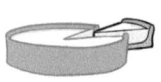

porção

порція

máquina de café expresso

еспресо-машина

cadeira alta

високий стільчик

conta

рахунок

bandeja

піднос

faca

ніж

garfo

вилка

colher

ложка

colher de chá

чайна ложка

guardanapo

серветка

copo

склянка

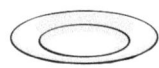

prato

тарілка

prato de sopa

тарілка для супу

pires

блюдце

molho

соус

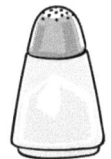

saleiro

солонка

moinho de pimenta

млин для перцю

vinagre

оцет

óleo

масло

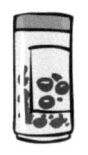

especiarias

спеції

ketchup

кетчуп

mostarda

гірчиця

maionese

майонез

# supermercado

# супермаркет

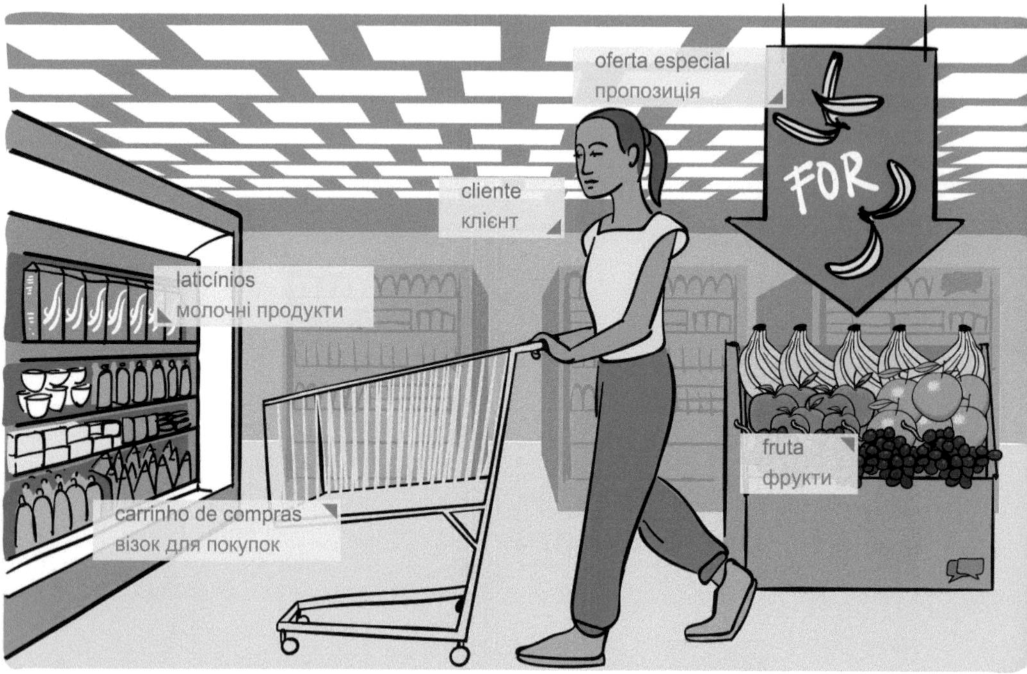
oferta especial
пропозиція
FOR
cliente
клієнт
laticínios
молочні продукти
fruta
фрукти
carrinho de compras
візок для покупок

BUTCHERS

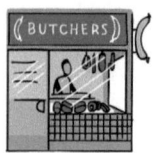

talho

м'ясний магазин

BAKERY

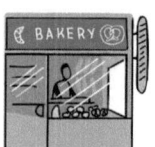

padaria

пекарня

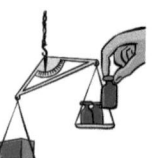

pesar

зважувати

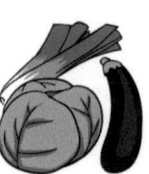

vegetais

овочі

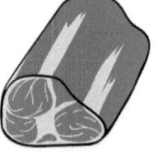

carne

м'ясо

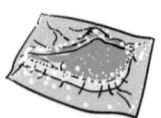

alimentos congelados

заморожені продукти

charcutaria

ковбасна нарізка

comida enlatada

консерви

detergente em pó

пральний порошок

doces

солодощі

artigos domésticos

предмети домашнього побуту

produtos de limpeza

мийний засіб

vendedora

продавщиця

caixa

каса

caixa

касир

lista de compras

список покупок

horário de funcionamento

часи роботи

carteira

гаманець

cartão de crédito

кредитна картка

saco

сумка

saco de plástico

поліетиленовий пакет

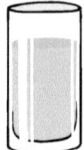

água

вода

sumo

сік

leite

молоко

coca-cola

кола

vinho

вино

cerveja

пиво

álcool

алкоголь

cacau

какао

chá

чай

café

кава

café expresso

еспресо

capuccino

капучіно

banana

банан

maçã

яблуко

laranja

апельсин

melão

кавун

limão

лимон

cenoura

морква

alho

часник

bambu

бамбук

cebola

цибуля

cogumelo

гриб

nozes

горішки

talharim

локшина

esparguete

спагеті

arroz

рис

salada

салат

batatas fritas

картопля фрі

batatas fritas

смажена картопля

pizza

піца

hambúrguer

гамбургер

sanduíche

бутерброд

bife panado

шніцель

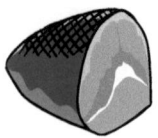

fiambre

шинка

salame

салямі

salsicha

ковбаса

galinha

курка

assado

печеня

peixe

риба

flocos de aveia

вівсяні пластівці

muesli

мюслі

flocos de milho

кукурудзяні пластівці

farinha

борошно

croissant

круасан

carcaça (pãozinho)

булочка

pão

хліб

torrada

тостовий хліб

biscoitos

печиво

manteiga

масло

requeijão

сир

bolo

пиріг

ovo

яйце

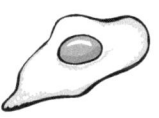

ovo estrelado

яєчня

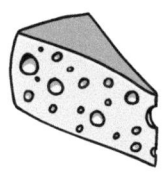

queijo

сир

gelado

морозиво

açúcar

цукор

mel

мед

compota

мармелад

creme de nougat

нуга-крем

caril

карі

# quinta
# ферма

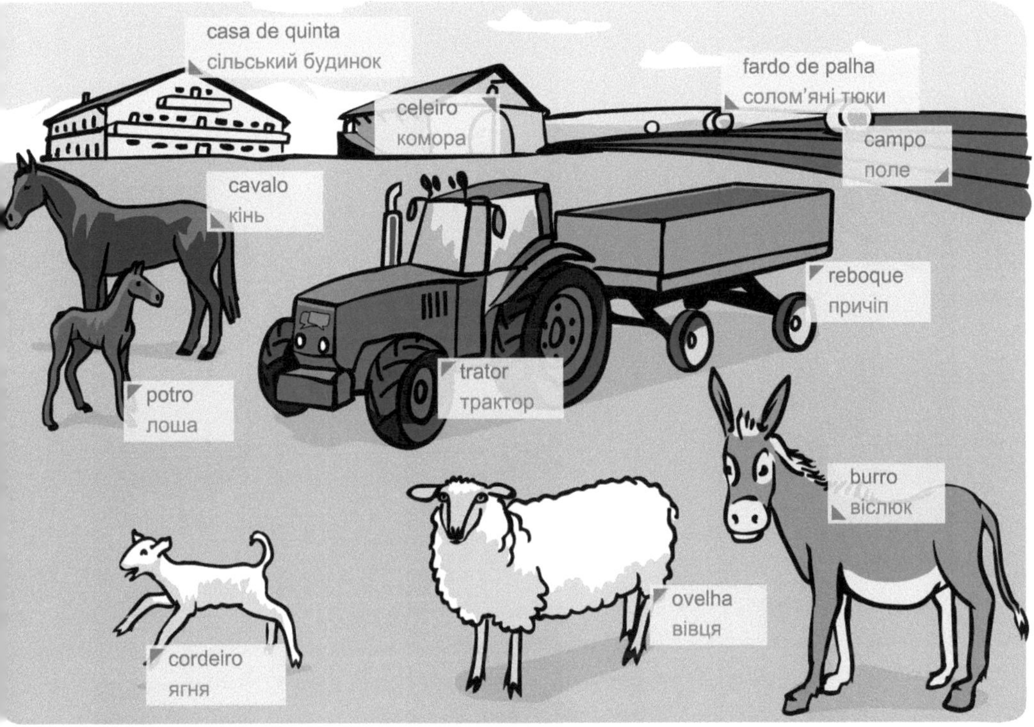
casa de quinta
сільський будинок
celeiro
комора
fardo de palha
солом'яні тюки
campo
поле
cavalo
кінь
reboque
причіп
trator
трактор
potro
лоша
burro
віслюк
ovelha
вівця
cordeiro
ягня

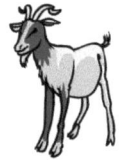

cabra

коза

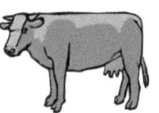

vaca

корова

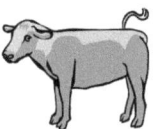

bezerro

теля

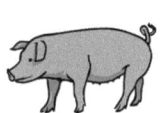

porco

свиня

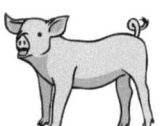

leitão

порося

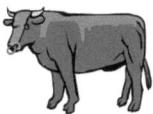

touro

бик

ganso

гусак

pato

качка

pintaínho

курча

galinha

курка

galo

півень

ratazana

щур

gato

кіт

rato

миша

boi

віл

cão

собака

casota

собача будка

mangueira de jardim

садовий шланг

regador

лійка

foice

коса

arado

плуг

foice

серп

enxada

мотика

forquilha

вила

machado

сокира

carrinho de mão

тачка

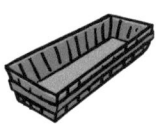

manjedoura

корито

jarro de leite

бідон молока

saco

мішок

cerca

паркан

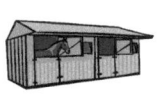

estábulo

хлів

estufa

теплиця

solo

ґрунт

semente

насіння

fertilizante

добриво

ceifeira-debulhadora

комбайн

colher

пожинати

colheita

урожай

inhame

корінь ямсу

trigo

пшениця

soja

соя

batata

картопля

milho

кукурудза

colza

ріпак

árvore de fruto

плодове дерево

mandioca

маніок

cereais

злаки

chaminé
димохід

telhado
дах

caleira
водостічний лоток

janela
вікно

garagem
гараж

campainha da porta
дзвінок

porta
двері

balde do lixo
відро для сміття

caixa de correio
поштова скринька

jardim
сад

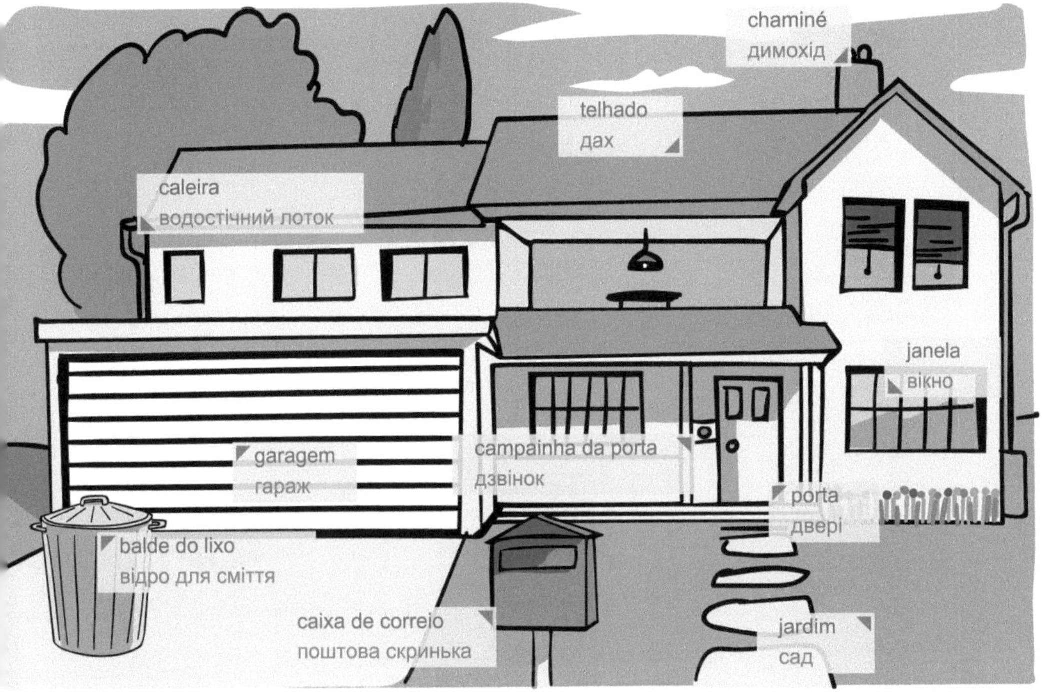

sala de estar

вітальня

casa de banho

ванна кімната

cozinha

кухня

quarto de dormir

спальня

quarto de criança

дитяча кімната

sala de jantar

їдальня

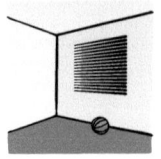

chão

підлога

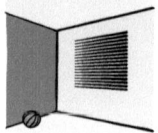

parede

стіна

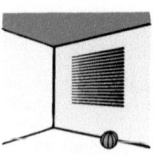

teto

стеля

cave

підвал

sauna

сауна

varanda

балкон

terraço

тераса

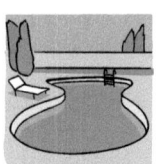

piscina

басейн

máquina de cortar relvado

косарка

lençol

простирало

cobertor

ковдра

cama

ліжко

vassoura

мітла

balde

відро

interruptor

перемикач

# sala de estar
# вітальня

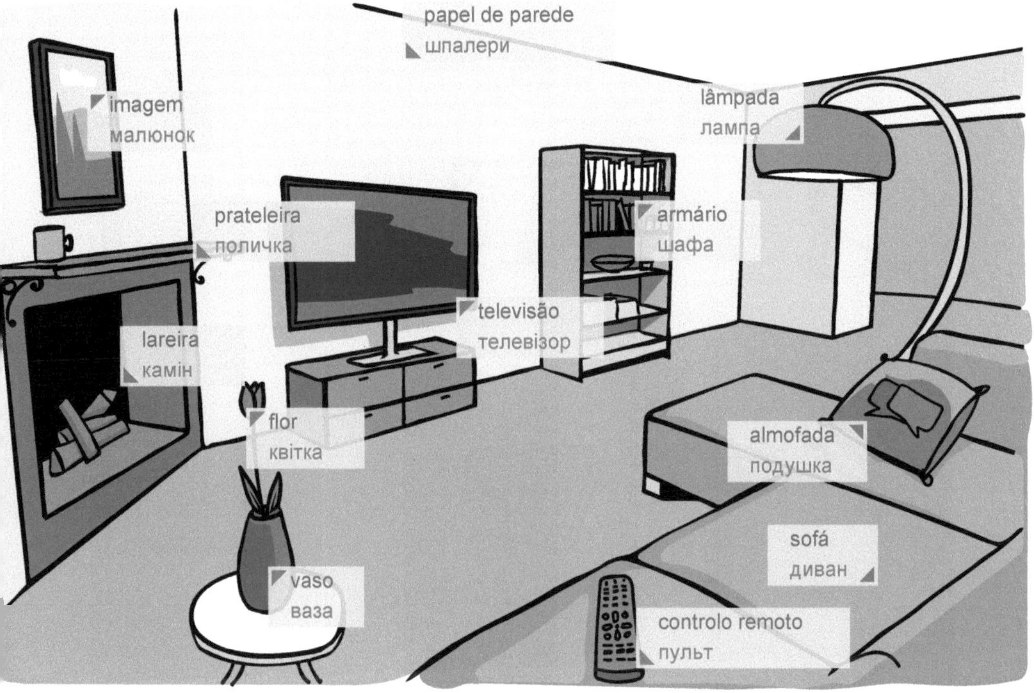
papel de parede
шпалери
imagem
малюнок
lâmpada
лампа
prateleira
поличка
armário
шафа
televisão
телевізор
lareira
камін
flor
квітка
almofada
подушка
sofá
диван
vaso
ваза
controlo remoto
пульт

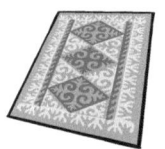

tapete
килим

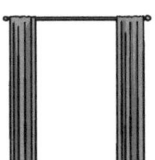

cortina
завіса

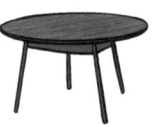

mesa
стіл

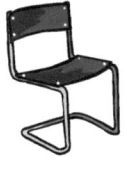

cadeira
стілець

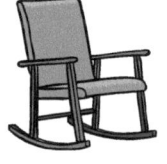

cadeira de baloiço
крісло-гойдалка

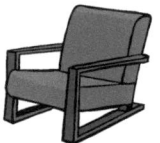

poltrona
крісло

livro

книга

cobertor

ковдра

decoração

прикраса

lenha

дрова

filme

фільм

sistema estéreo

стереосистема

chave

ключ

jornal

газета

pintura

картина

póster

плакат

rádio

радіо

bloco de notas

блокнот

aspirador

пилосос

cato

кактус

vela

свічка

# cozinha
# кухня

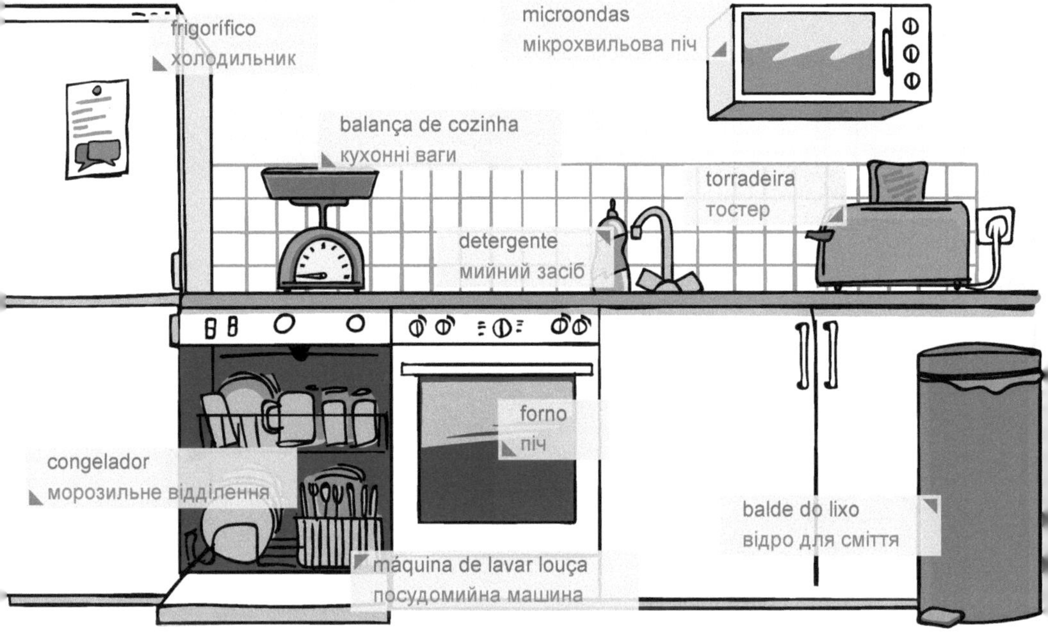
frigorífico
холодильник
microondas
мікрохвильова піч
balança de cozinha
кухонні ваги
torradeira
тостер
detergente
мийний засіб
forno
піч
congelador
морозильне відділення
balde do lixo
відро для сміття
máquina de lavar louça
посудомийна машина

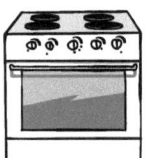

fogão
плита

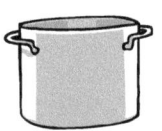

panela
горщик

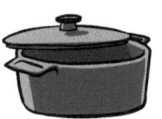

panela de ferro
чавунний горщик

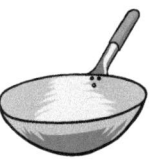

wok / kadai
вок / кадай

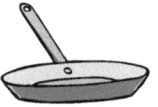

frigideira
сковорода

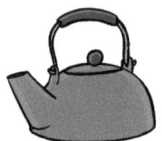

chaleira
чайник

panela a vapor

пароварка

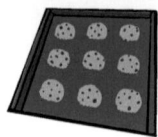

tabuleiro de forno

лист

louça

посуд

caneca

кухоль

tigela

чаша

pauzinhos

палички для їжі

concha de sopa

черпак

espátula

лопатка

batedor de claras

вінчик для збивання

escorredor

сито

peneira

сито

ralador

терка

almofariz

ступка

churrasqueira

барбекю

lareira

багаття

cozinha - кухня

**tábua de cortar**

дошка

**rolo da massa**

качалка

**saca-rolhas**

штопор

**lata**

консерва

**abridor de latas**

відкривачка

**luvas de forno**

прихватки

**lava-loiça**

раковина

**escova**

щітка

**esponja**

губка

**liquidificador**

міксер

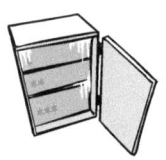

**arca frigorífica**

морозильна камера

**biberão**

дитяча пляшка

**torneira**

кран

# casa de banho

# ванна кімната

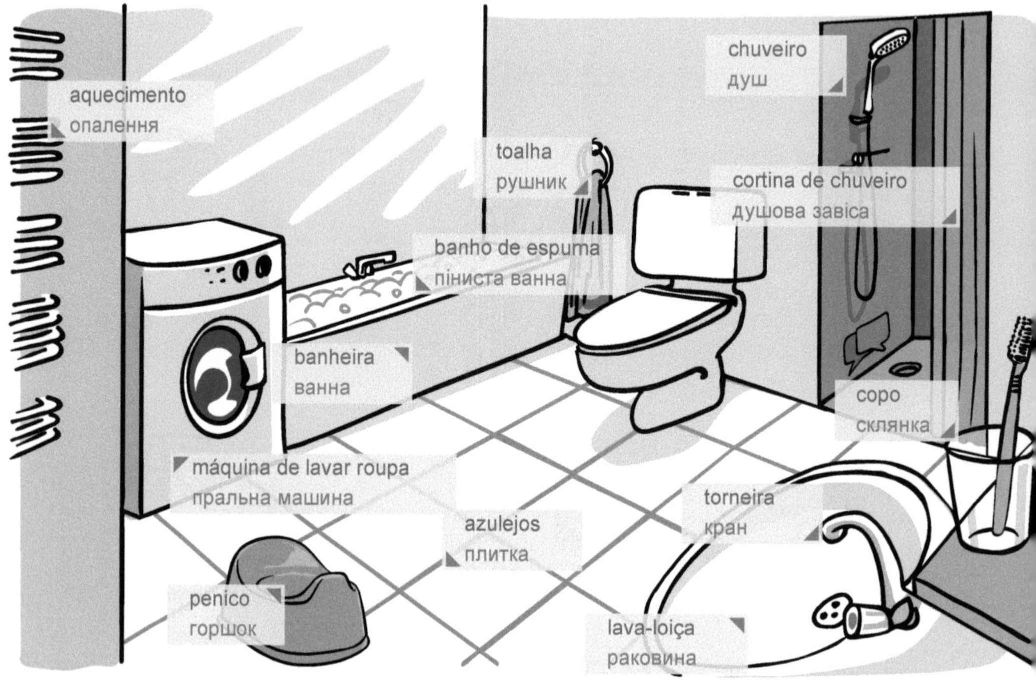

aquecimento
опалення
toalha
рушник
chuveiro
душ
cortina de chuveiro
душова завіса
banho de espuma
пiниста ванна
banheira
ванна
copo
склянка
máquina de lavar roupa
пральна машина
torneira
кран
azulejos
плитка
penico
горшок
lava-loiça
раковина


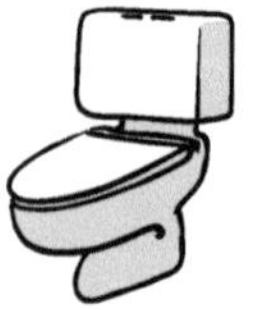

sanita

туалет

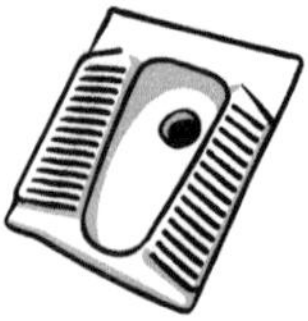

retrete turca

підлоговий туалет

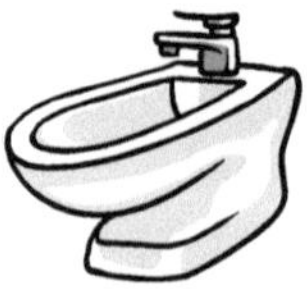

bidé

біде

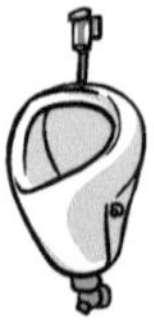

urinol

пісуар

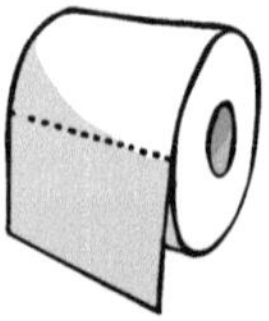

papel higiénico

туалетний папір

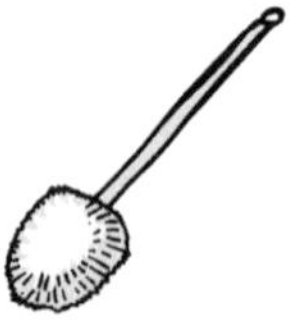

piaçaba

щітка для туалету

**escova de dentes**

зубна щітка

**pasta de dentes**

зубна паста

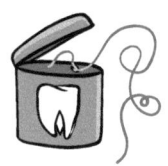

**fio dentário**

нитка для чищення зубів

**lavar**

мити

**chuveiro de mão**

ручний душ

**duche íntimo**

інтимний душ

**bacia**

таз

**escova para as costas**

щітка для спини

**sabonete**

мило

**gel de banho**

гель для душу

**champô**

шампунь

**toalha de rosto**

мочалка

**escoamento**

водостік

**creme**

крем

**desodorizante**

дезодорант

**espelho**

дзеркало

**espelho de mão**

косметичне дзеркало

**máquina de barbear**

бритва

**creme de barbear**

піна для гоління

**loção pós-barba**

лосьйон після гоління

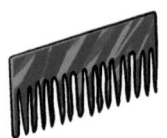

**pente**

гребінь

**escova**

щітка

**secador de cabelo**

фен

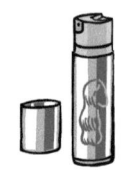

**spray de cabelo**

лак для волосся

**maquilhagem**

косметика

**batom**

губна помада

**verniz de unhas**

лак для нігтів

**algodão**

вата

**tesoura para unhas**

ножиці для нігтів

**perfume**

парфум

nécessaire

косметичка

tamborete

табурет

balança

ваги

roupão de banho

халат

luvas de borracha

гумові рукавички

tampão

тампон

penso higiénico

гігієнічні прокладки

WC químico

біотуалет

# quarto de criança

## дитяча кімната

despertador
будильник
peluche
м'яка іграшка
carro de brincar
іграшковий автомобіль
chocalho
брязкальце
casa de bonecas
ляльковий будиночок
presente
подарунок


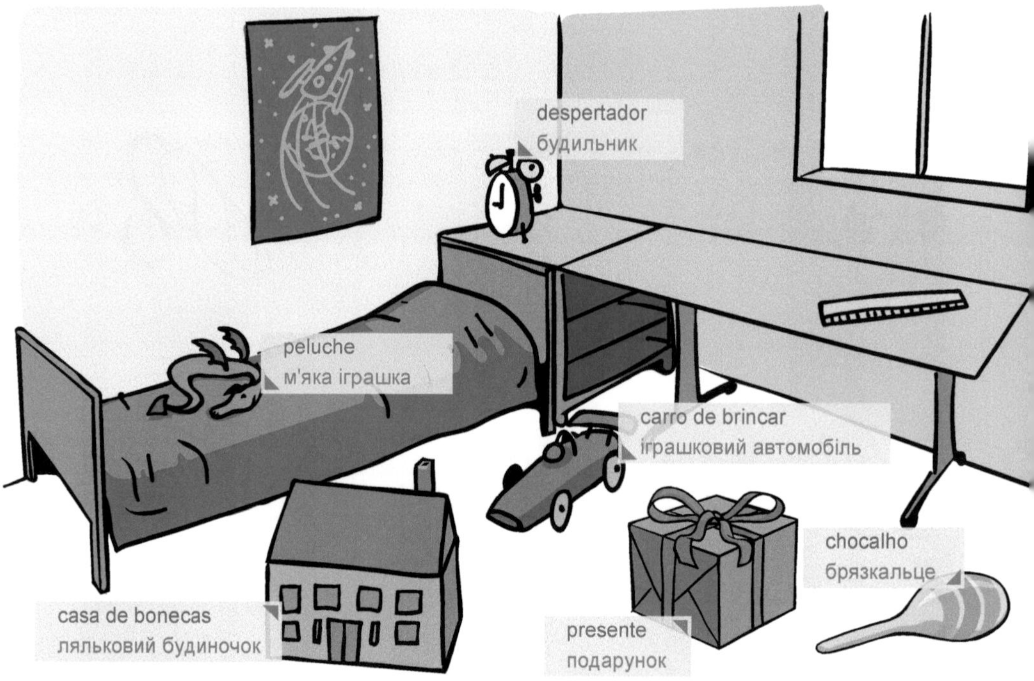

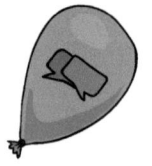

balão

повітряна кулька

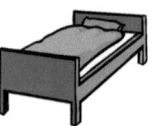

cama

ліжко

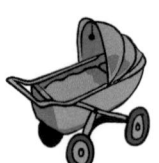

carrinho de bebé

дитячий візок

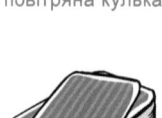

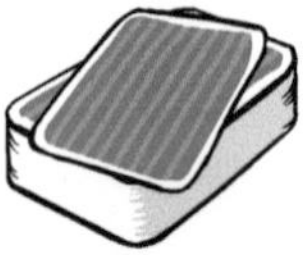

jogo de cartas

картярська гра

quebra-cabeças

пазл

SUPER
MEGA


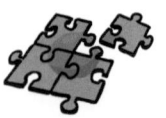

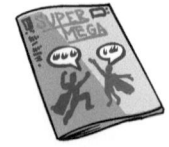

banda desenhada

комікс

peças de Lego

лего цеглинки

blocos de construção

блоки

figura de ação

іграшкова фігурка

fato de bebé

повзунки

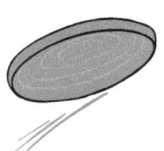

Frisbee

фризбі

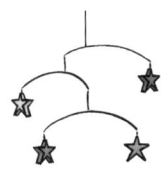

móbile para bebé

мобіле

jogo de tabuleiro

настільна гра

dados

кубик

pista de comboio elétrico

модель залізнична станція

chupeta

соска

festa

вечірка

livro ilustrado

книжка з картинками

bola

м'яч

boneca

лялька

jogar

грати

caixa de areia

пісочниця

baloiço

гойдалка

brinquedos

іграшка

consola de jogos

гральна консоль

triciclo

триколісний велосипед

ursinho de peluche

плюшевий мішка

guarda-roupa

шафа

## vestuário

## одяг

meias

шкарпетки

meias pelo joelho

панчохи

meias-calças

колготки

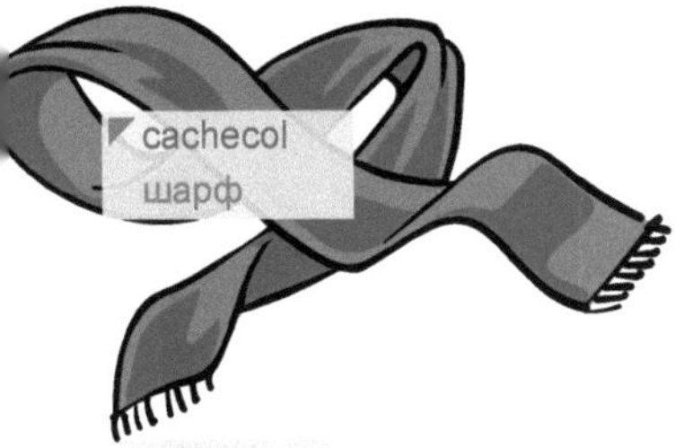

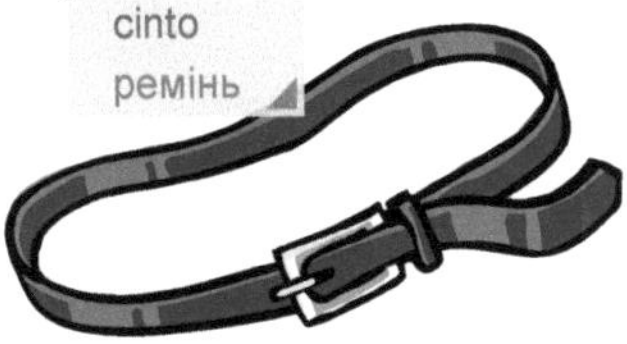

cachecol
шарф

guarda-chuva
парасоля

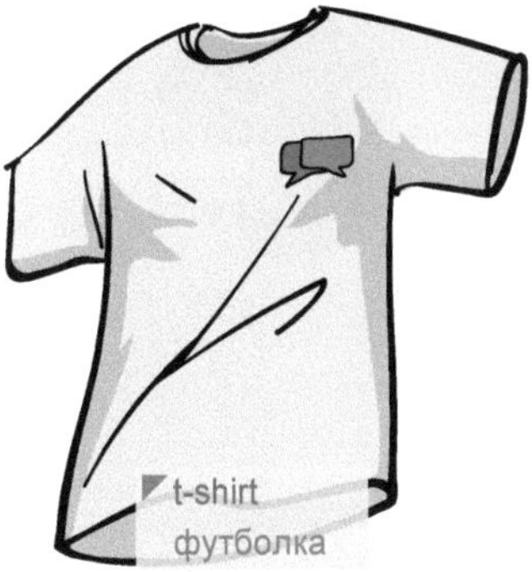

cinto
ремінь

t-shirt
футболка

sapatilhas
кросівки

botas
чоботи

chinelos
домашнє взуття

sandálias
.................
сандалі

sapatos
.................
взуття

botas de borracha
.................
гумові чоботи

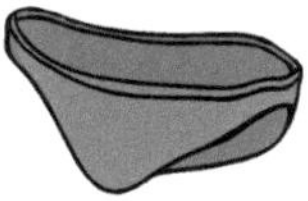

cuecas
.................
труси

sutiã
.................
бюстгальтер

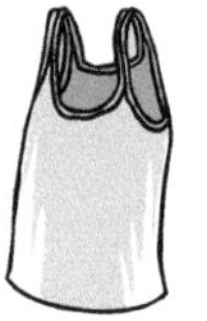

camisola interior
.................
нижня сорочка

body

боді

calças

штани

calças de ganga

джинси

saia

спідниця

blusa

блузка

camisa

сорочка

pulôver

пуловер

camisola com capuz

светр

blazer

піджак

casaco

куртка

manto

пальто

gabardina

дощовик

traje

костюм

vestido

сукня

vestido de casamento

весільна сукня

fato

костюм

camisa de dormir

нічна сорочка

pijama

піжама

sari

сарі

lenço de cabeça

головна хустка

turbante

чалма

burca

бурка

cafetã

кафтан

abaya

абая

fato de banho

купальник

calções de banho

плавки

calções

шорти

fato de treino

тренувальний костюм

avental

фартух

luvas

рукавички

botão

гудзик

óculos

окуляри

pulseira

браслет

colar

ланцюг

anel

кільце

brinco

сережка

boné

шапка

cabide

плічка

chapéu

капелюх

gravata

краватка

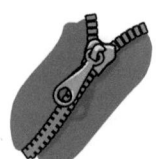

fecho de correr

застібка-блискавка

capacete

шолом

suspensórios

підтяжки

uniforme escolar

шкільна форма

uniforme

уніформа

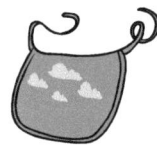

babete

нагрудник

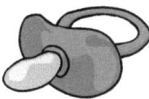

chupeta

соска

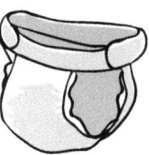

fralda

підгузок

## escritório
## офіс

servidor
сервер
armário de arquivo
шаф для документів
impressora
принтер
papel
папір
ecrã
монітор
rato
миша
secretária
письмовий стіл
pasta
папка
teclado
синтезатор
cesto de lixo
кошик для паперу
computador
комп'ютер
cadeira
стілець


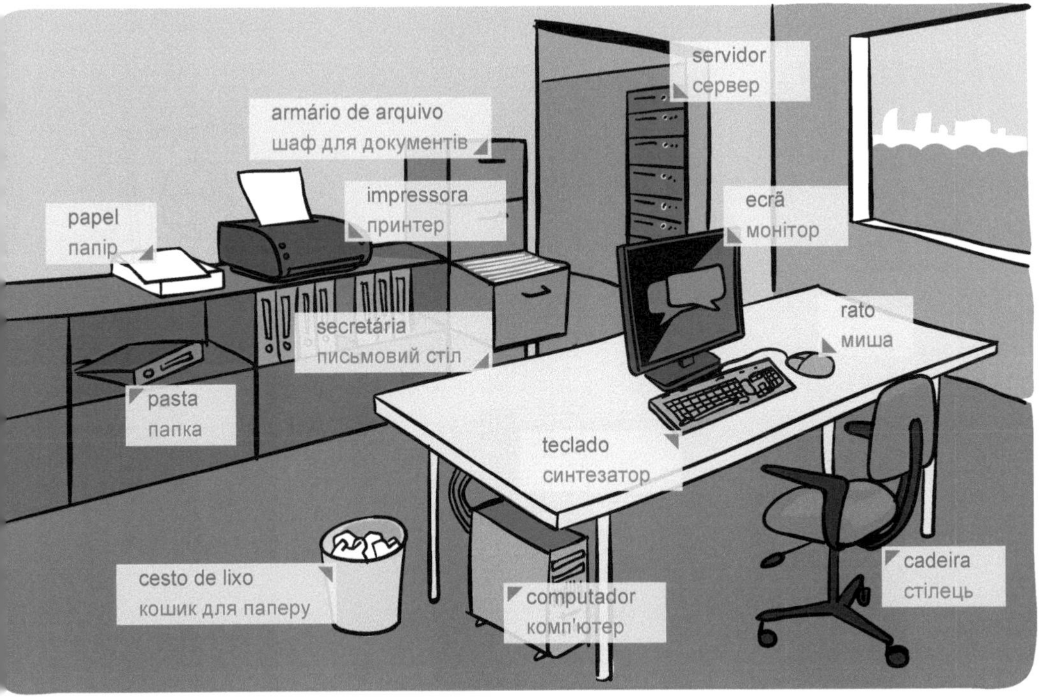

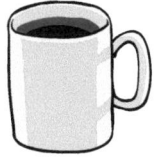

caneca de café

кавовий кухоль

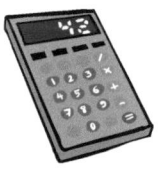

calculadora

калькулятор

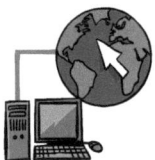

internet

інтернет

computador portátil

ноутбук

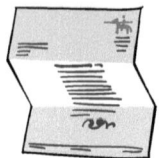

carta

лист

mensagem

повідомлення

telemóvel

мобільний телефон

rede

мережа

fotocopiadora

копіювальний пристрій

software

програмне забезпечення

telefone

телефон

tomada elétrica

розетка

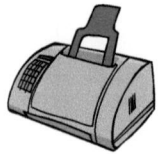

fax

факс

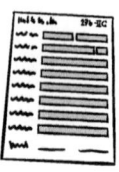

formulário

бланк

documento

документ

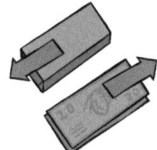

comprar

купувати

pagar

платити

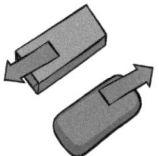

negociar

торгувати

dinheiro

гроші

dólar

долар

euro

євро

yen

ієна

rublo

рубль

franco suíço

франк

renminbi yuan

юанів женьміньбі

rupia

рупія

caixa de multibanco

банкомат

casa de câmbio

обмінний пункт

ouro

золото

prata

срібло

petróleo

нафта

energia

енергія

preço

ціна

contrato

контракт

imposto

податок

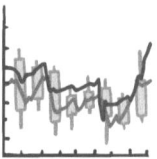

ação

акція

trabalhar

працювати

empregado

працівник

entidade patronal

роботодавець

fábrica

фабрика

loja

магазин

# profissões
# професії

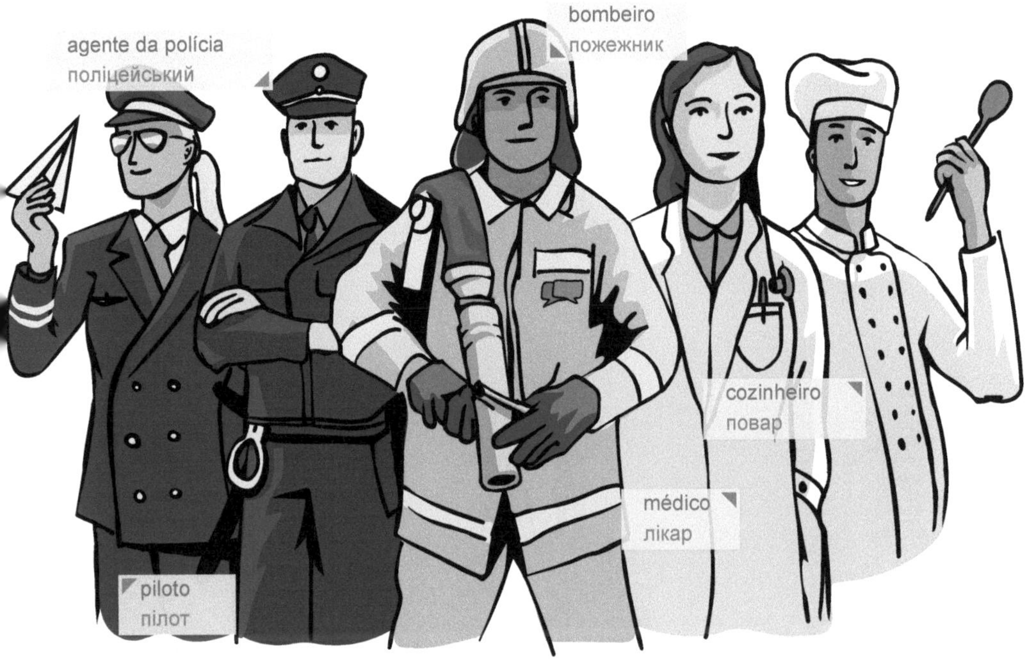
bombeiro
пожежник
agente da polícia
поліцейський
cozinheiro
повар
médico
лікар
piloto
пілот

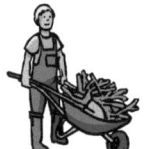

jardineiro

садівник

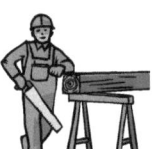

carpinteiro

столяр

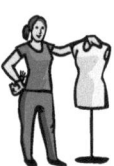

costureira

швачка

juiz

суддя

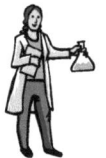

químico

хімік

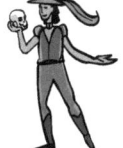

ator

актор

motorista de autocarro

водій автобуса

motorista de táxi

таксист

pescador

рибалка

empregada de limpeza

прибиральниця

telhador

покрівельник

empregado de mesa

офіціант

caçador

мисливець

pintor

художник

padeiro

пекар

eletricista

електрик

construtor

будівельник

engenheiro

інженер

talhante

забійник

canalizador

бляхар

carteiro

листоноша

soldado

солдат

arquiteto

архітектор

caixa

касир

florista

флорист

cabeleireiro

перукар

controlador de bilhetes

кондуктор

mecânico

механік

capitão

капітан

dentista

дантист

cientista

вчений

rabino

рабин

imã

імам

monge

монах

pastor

пастор

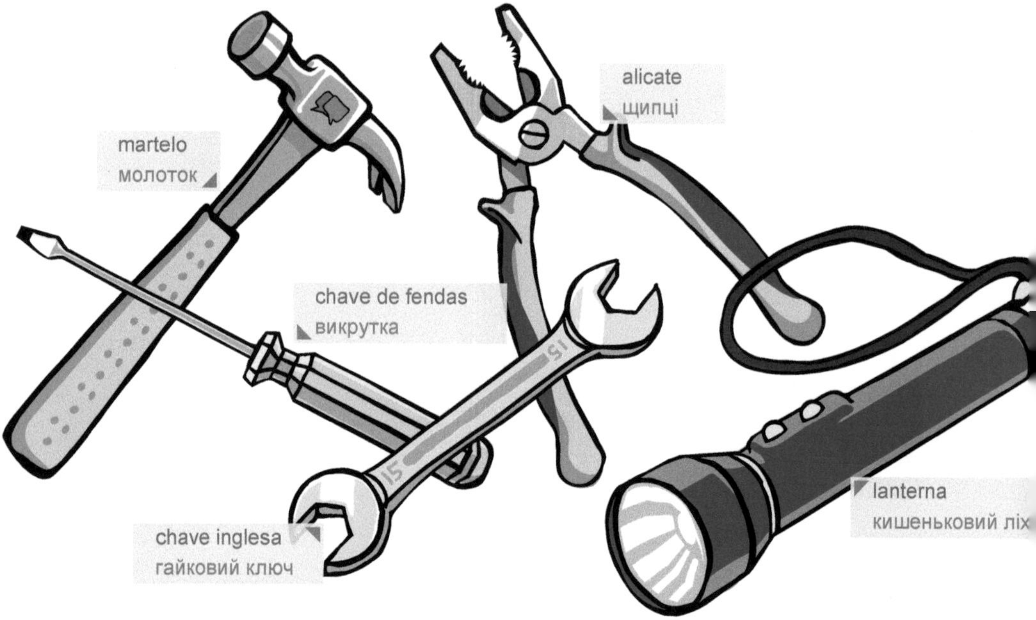

martelo
молоток

alicate
щипці

chave de fendas
викрутка

chave inglesa
гайковий ключ

lanterna
кишеньковий ліх

escavadora

екскаватор

caixa de ferramentas

ящик для інструментів

escadote

драбина

serra

пилка

pregos

цвяхи

broca

свердло

reparar
ремонтувати

pá
лопата

porcaria!
лайно!

pá de lixo
совок

pote de tinta
відро з фарбою

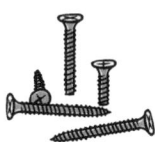

parafusos
гвинти

# instrumentos musicais
## музичні інструменти

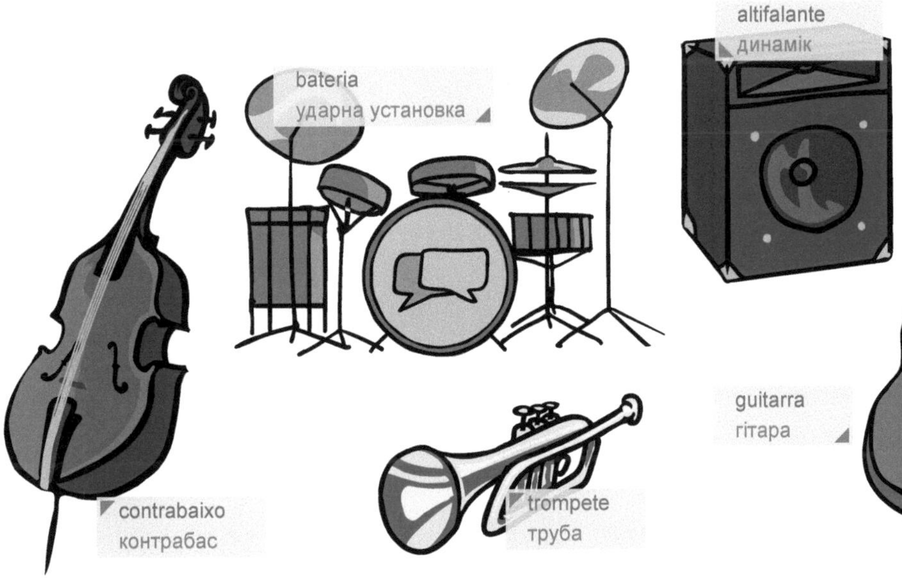

bateria
ударна установка

altifalante
динамік

guitarra
гітара

contrabaixo
контрабас

trompete
труба

piano

фортепіано

violino

скрипка

baixo

бас

timbales

литаври

tambor

барабан

teclado

клавіатура

saxofone

саксофон

flauta

флейта

microfone

мікрофон

# jardim zoológico
## зоопарк

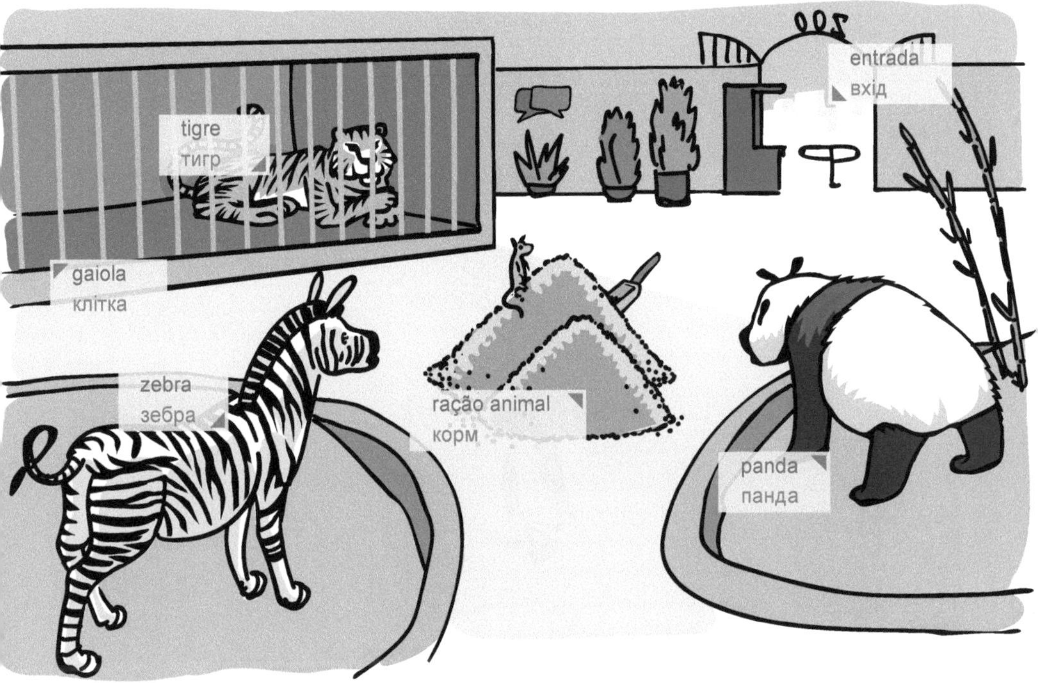

entrada
вхід
tigre
тигр
gaiola
клітка
zebra
зебра
ração animal
корм
panda
панда


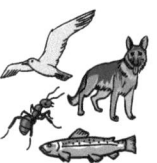

animais
тварини

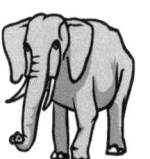

elefante
слон

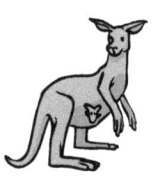

canguru
кенгуру

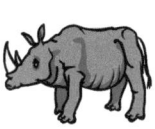

rinoceronte
носоріг

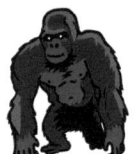

gorila
горила

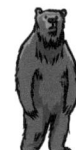

urso
ведмідь

camelo

верблюд

avestruz

страус

leão

лев

macaco

мавпа

flamingo

фламінго

papagaio

папуга

urso polar

білий ведмідь

pinguim

пінгвін

tubarão

акула

pavão

павич

cobra

змія

crocodilo

крокодил

guarda do jardim zoológico

працівник зоопарку

foca

тюлень

jaguar

ягуар

pónei

поні

leopardo

леопард

hipopótamo

гіпопотам

girafa

жираф

águia

орел

javali

кабан

peixe

риба

tartaruga

черепаха

morsa

морж

raposa

лисиця

gazela

газель

# desporto
# спорт

**futebol americano**
американський футбол

**ciclismo**
їзда на велосипеді

**ténis**
теніс

**basquetebol**
баскетбол

**natação**
плавання

**hóquei no gelo**
хокей

**boxe**
бокс

futebol
футбол

badminton
бадмінтон

atletismo
легка атлетика

andebol
гандбол

esqui
лижні перегони

polo
поло

saltar
стрибати

rir
сміятися

abraçar
обіймати

andar
йти

cantar
співати

sonhar
мріяти

rezar
молитися

beijar
цілувати

escrever

писати

desenhar

малювати

mostrar

показувати

empurrar

тиснути

dar

давати

tomar

брати

ter

.................

мати

fazer

.................

робити

ser

.................

бути

ficar de pé

.................

стояти

correr

.................

бігати

puxar

.................

тягнути

remessar

.................

кидати

cair

.................

падати

deitar

.................

лежати

esperar

.................

очікувати

carregar

.................

носити

sentar

.................

сидіти

vestir

.................

одягати

dormir

.................

спати

acordar

.................

просипатися

olhar para

дивитися

chorar

плакати

acariciar

гладити

pentear

розчісувати

falar

розмовляти

compreender

розуміти

perguntar

питати

ouvir

слухати

beber

пити

comer

їсти

arrumar

прибирати

amar

любити

cozinhar

варити

conduzir

їхати

voar

літати

velejar

йти під вітрилом

calcular

рахувати

ler

читати

aprender

вчитися

trabalhar

працювати

casar

одружуватися

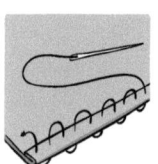

costurar

шити

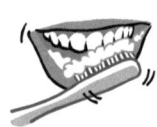

escovar os dentes

чистити зуби

matar

убивати

fumar

курити

enviar

посилати

# família

# сім'я

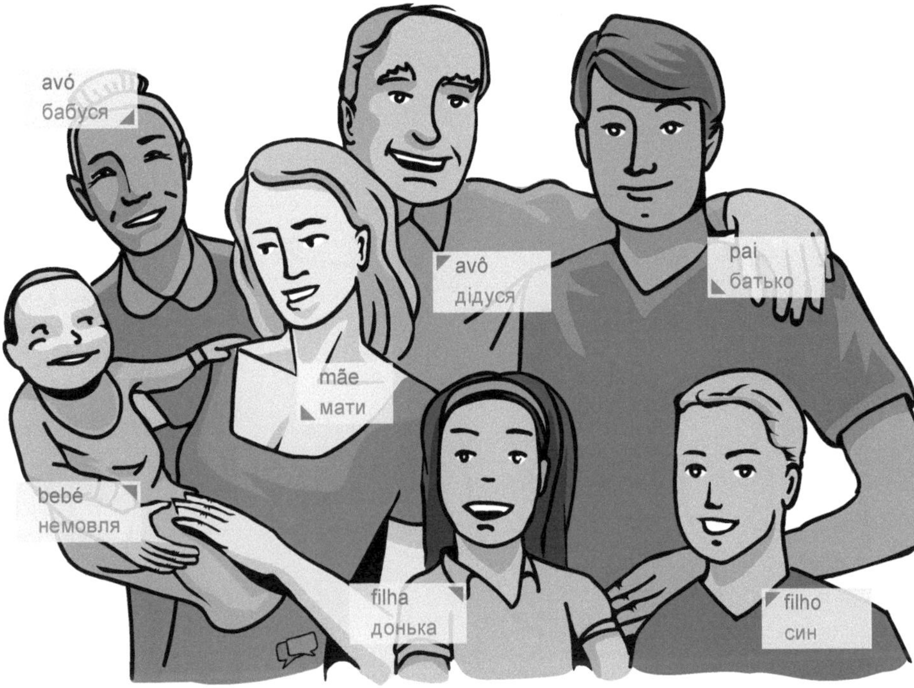
avó
бабуся
avô
дідуся
pai
батько
mãe
мати
bebé
немовля
filha
донька
filho
син

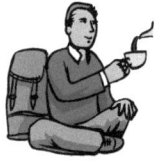

convidado

гість

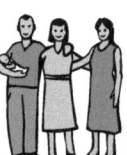

tia

тітка

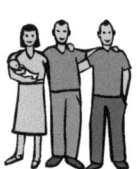

tio

дядько

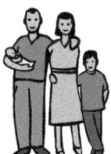

irmão

брат

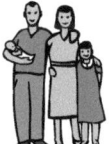

irmã

сестра

# corpo

## тіло

testa
чоло
olho
око
ombro
плече
dedo
палець
cara
обличчя
queixo
підборіддя
mão
кисть
peito
груди
perna
нога
braço
рука

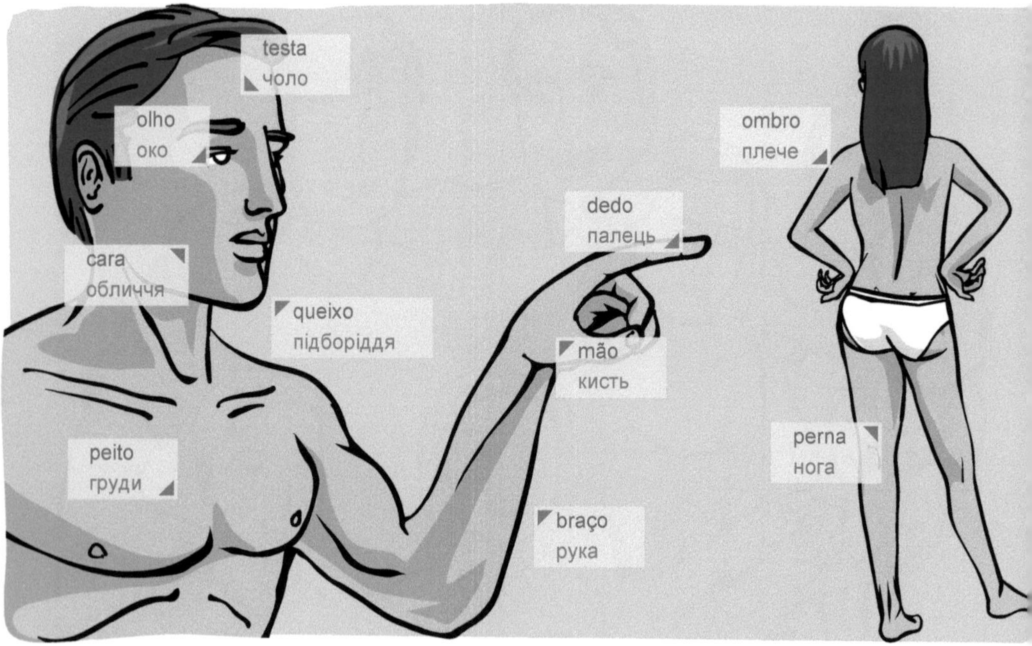

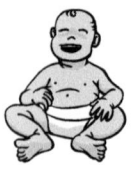

bebé
немовля

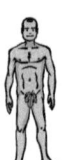

homem
чоловік

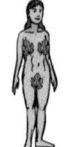

mulher
жінка

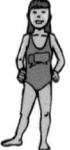

menina
дівчина

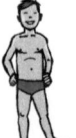

menino
хлопчик

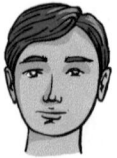

cabeça
голова

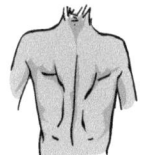

costas

спина

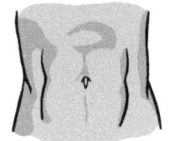

barriga

живіт

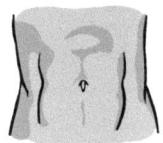

umbigo

пуп

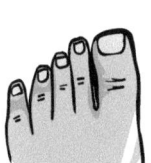

dedo do pé

палець ноги

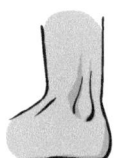

calcanhar

п'ята

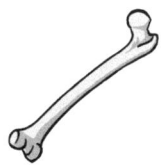

osso

кістка

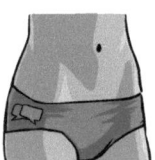

anca

стегно

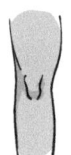

joelho

коліно

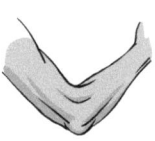

cotovelo

лікоть

nariz

ніс

nádegas

сідниці

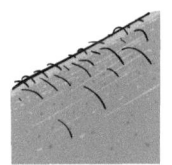

pele

шкіра

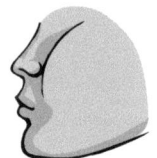

bochecha

щока

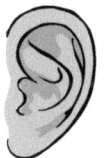

orelha

вухо

lábio

губа

corpo - тіло

boca

рот

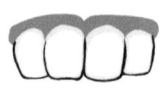

dente

зуб

língua

язик

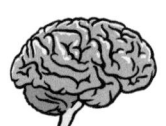

cérebro

мозок

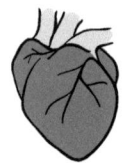

coração

серце

músculo

м'яз

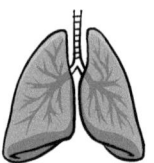

pulmão

легені

fígado

печінка

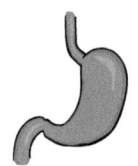

estômago

шлунок

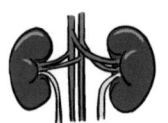

rins

нирки

relações sexuais

статевий акт

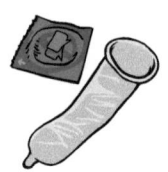

preservativo

презерватив

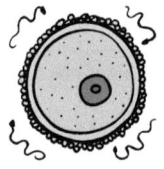

óvulo

яйцеклітина

esperma

сперма

gravidez

вагітність

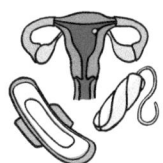

menstruação

менструація

vagina

вагіна

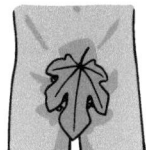

pénis

пеніс

sobrancelha

брова

cabelo

волосся

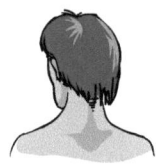

pescoço

шия

# hospital
# лікарня

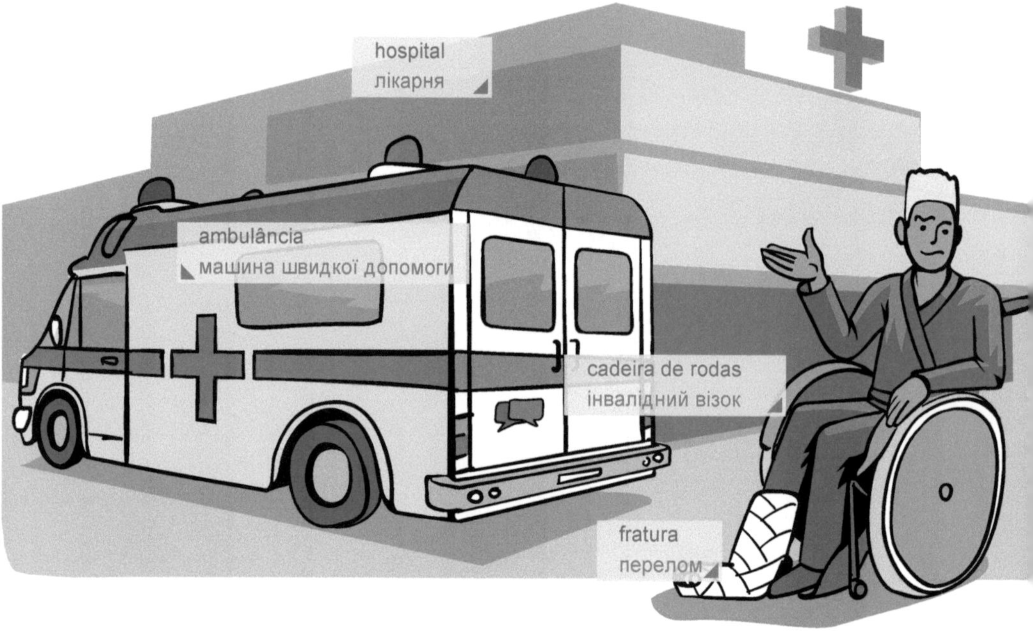

hospital
лікарня
ambulância
машина швидкої допомоги
cadeira de rodas
інвалідний візок
fratura
перелом

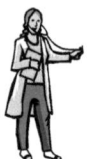

médico

лікар

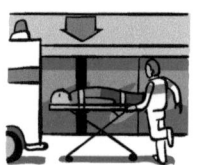

serviço de urgências

відділення швидкої медичної допомоги

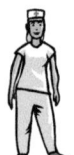

enfermeira

медсестра

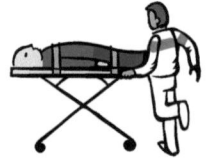

emergência

аварійний випадок

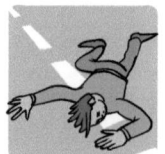

inconsciente

непритомний

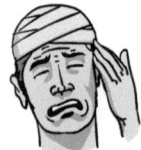

dor

біль

ferimento

травма

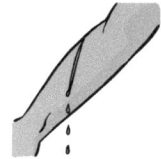

hemorragia

кровотеча

ataque cardíaco

інфаркт

acidente vascular cerebral

інсульт

alergia

алергія

tosse

кашель

febre

лихоманка

gripe

грип

diarreia

пронос

dor de cabeça

головна біль

cancro

рак

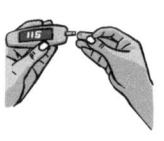

diabetes

діабет

cirurgião

хірург

bisturi

скальпель

operação

операція

CT
КТ

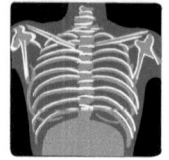

raio x
рентген

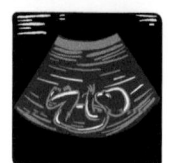

ultrassom
ультразвук

máscara
маска

doença
хвороба

sala de espera
зал очікування

muleta
милиця

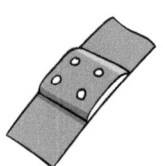

penso rápido
пластир

ligadura
пов'язка

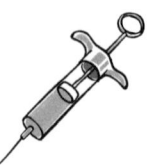

injeção
ін'єкція

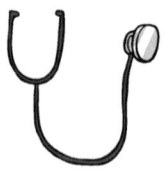

estetoscópio
стетоскоп

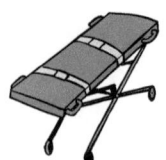

maca
ноші

termómetro
термометр

nascimento
народження

excesso de peso
надмірна вага

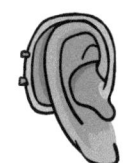

aparelho auditivo

слуховий апарат

desinfetante

дезінфікуючий засіб

infeção

інфекція

vírus

вірус

HIV / SIDA

ВІЛ / СНІД

medicamento

медицина

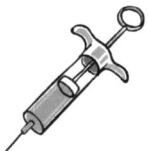

vacinação

вакцинація

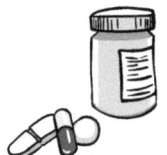

comprimidos

таблетки

pílula

протизаплідна пігулка

chamada de emergência

екстрений виклик

dispositivo de medição de
pressão arterial

тонометр

doente / saudável

хворий / здоровий

| |  | |
|---|---|---|
| Socorro! | alarme | assalto |
| Допоможіть! | сигнал тривоги | напад |

| ataque | perigo | saída de emergência |
|---|---|---|
| атака | небезпека | аварійний вихід |

| Fogo! | extintor de incêndios | acidente |
|---|---|---|
| Вогонь! | вогнегасник | аварія |

| estojo de primeiros socorros | SOS | polícia |
|---|---|---|
| аптечка | СОС | поліція |

Europa

Європа

América do Norte

Північна Америка

América do Sul

Південна Америка

África

Африка

Ásia

Азія

Austrália

Австралія

Atlântico

Атлантика

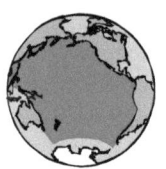

Pacífico

Тихий океан

Oceano Índico

Індійський океан

Oceano Antártico

Антарктичний океан

Oceano Ártico

Північний Льодовитий океан

Polo Norte

Північний полюс

Polo Sul
Південний полюс

Antártica
Антарктика

terra
Земля

país
суша

mar
море

ilha
острів

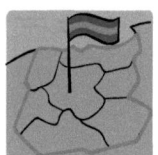

nação
нація

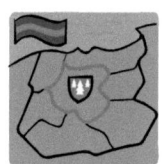

estado
держава

mostrador do relógio

циферблат

ponteiro das horas

годинникова стрілка

ponteiro dos minutos

хвилинна стрілка

ponteiro dos segundos

секундна стрілка

Que horas são?

Котра година?

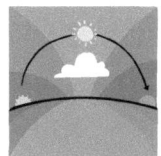

dia

день

tempo

час

agora

зараз

relógio digital

цифровий годинник

minuto

хвилина

hora

година

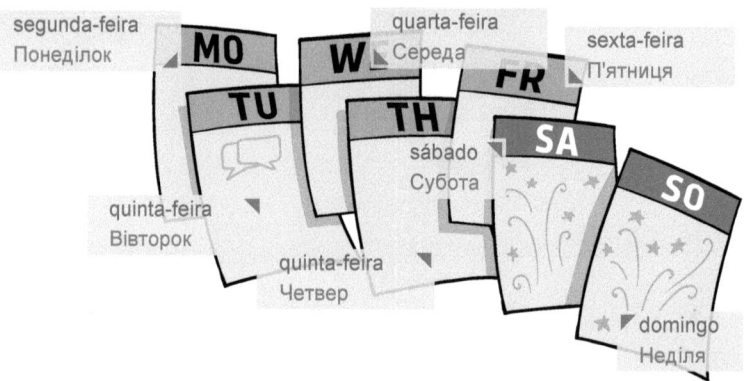

segunda-feira
Понеділок

quarta-feira
Середа

sexta-feira
П'ятниця

quinta-feira
Вівторок

quinta-feira
Четвер

sábado
Субота

domingo
Неділя

ontem
вчора

hoje
сьогодні

amanhã
завтра

manhã
ранок

meio-dia
опівдні

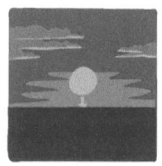

entardecer
вечір

dias úteis
робочі дні

fim de semana
кінець робочого тижня

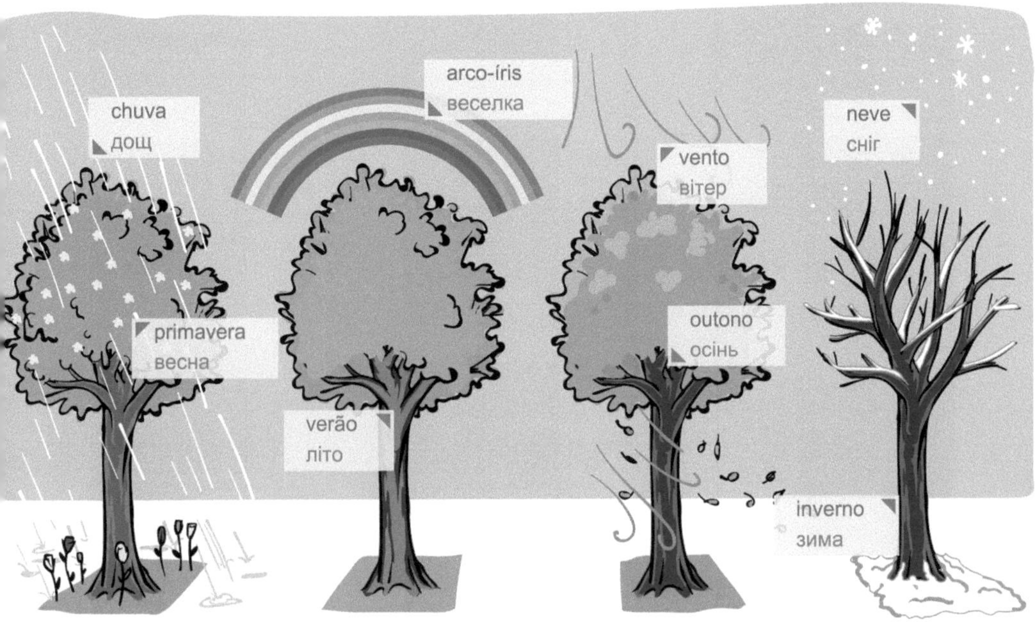

chuva
дощ
arco-íris
веселка
vento
вітер
neve
сніг
primavera
весна
verão
літо
outono
осінь
inverno
зима

4.APRIL 11°
5.APRIL 4°
6.APRIL 13°
7.APRIL 8°
8.APRIL 10°

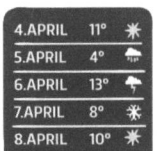

previsão do tempo

прогноз погоди

F C
120 40
90 30
60 20
30 10
0 0
-30 -10
-20

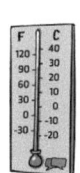

termómetro

термометр

raios de sol

сонячне світло

nuvem

хмара

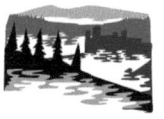

neblina / nevoeiro

туман

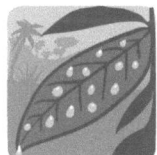

humidade do ar

вологість повітря

relâmpago

блискавка

trovão

грім

tempestade

шторм

granizo

град

monção

мусон

inundação

повінь

gelo

лід

janeiro

Січень

fevereiro

Лютий

março

Березень

abril

Квітень

maio

Травень

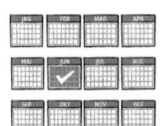

junho

Червень

julho

Липень

agosto

Серпень

ano - рік

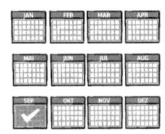

setembro

Вересень

outubro

Жовтень

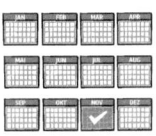

novembro

Листопад

dezembro

Грудень

# formas
## форми

círculo

круг

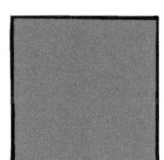

quadrado

квадрат

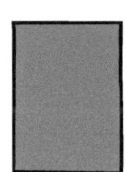

retângulo

прямокутник

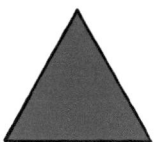

triângulo

трикутник

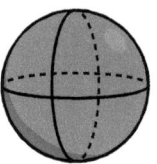

esfera

куля

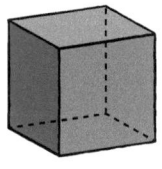

cubo

куб

branco

білий

amarelo

жовтий

laranja

помаранчевий

rosa

рожевий

vermelho

червоний

lilás

фіолетовий

azul

синій

verde

зелений

castanho

коричневий

cinzento

сірий

preto

чорний

muito / pouco

багато / мало

furioso / calmo

лютий / мирний

lindo / feio

гарний / бридкий

princípio / fim

початок / кінець

grande / pequeno

великий / малий

claro / escuro

світлий / темний

irmão / irmã

брат / сестра

limpo / sujo

чистий / брудний

completo / incompleto

завершений /
незавершений

dia / noite

день / ніч

morto / vivo

мертвий / живий

largo / estreito

широкий / вузький

comestível / não comestível

ïстівний / неïстівний

mau / gentil

злий / дружній

entusiasmado / entediado

збуджений / нудьгуючий

gordo / magro

товстий / тонкий

primeiro / último

спочатку / востаннє

amigo / inimigo

друг / ворог

cheio / vazio

повний / порожній

duro / macio

жорсткий / м'який

pesado / leve

важкий / легкий

fome / sede

голод / спрага

doente / saudável

хворий / здоровий

ilegal / legal

незаконний / законний

inteligente / burro

розумний / дурний

esquerda / direita

вліво / вправо

perto / longe

поруч / далеко

novo / usado

новий / використаний

nada / algo

нічого / щось

velho / jovem

старий / молодий

ligado / desligado

вкл / викл

aberto / fechado

відкрито / закрито

baixo / alto

тихо / гучно

rico / pobre

багатий / бідний

certo / errado

правильно / неправильно

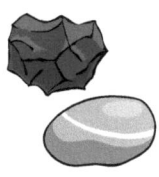

áspero / liso

шорсткий / гладкий

triste / feliz

сумний / щасливий

curto / longo

короткий / довгий

lento / rápido

повільно / швидко

molhado / seco

вологий / сухий

ameno / fresco

гарячий / холодний

guerra / paz

війна / мир

**0**

zero

нуль

**1**

um

один

**2**

dois

два

**3**

três

три

**4**

quatro

чотири

**5**

cinco

п'ять

**6**

seis

шість

**7**

sete

сім

**8**

oito

вісім

**9**

nove

дев'ять

**10**

dez

десять

**11**

onze

одинадцять

**12**

doze

дванадцять

**13**

treze

тринадцять

**14**

catorze

чотирнадцять

**15**

quinze

п'ятнадцять

**16**

dezasseis

шістнадцять

**17**

dezassete

сімнадцять

**18**

dezoito

вісімнадцять

**19**

dezanove

дев'ятнадцять

**20**

vinte

двадцять

**100**

cem

сто

**1.000**

mil

тисяча

**1.000.000**

milhão

мільйон

números - числа

## МОВИ

**inglês**

англійська

**inglês americano**

американська англійська

**chinês mandarim**

китайська
високочиновницька

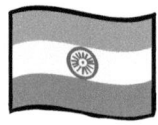

**hindi**

хінді

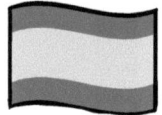

**espanhol**

іспанська

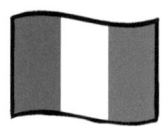

**francês**

французька

**árabe**

арабська

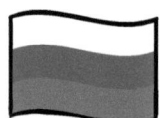

**russo**

російська

**português**

португальська

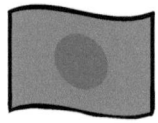

**bengalês**

бенгальська

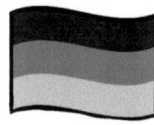

**alemão**

німецька

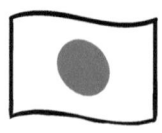

**japonês**

японська

eu

я

tu

ти

ele / ela

він / вона / воно

nós

ми

vós

ви

eles / elas

вони

quem?

хто?

o quê?

що?

como?

як?

onde?

де?

quando?

коли?

nome

ім'я

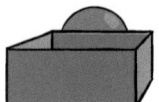

atrás

ззаду

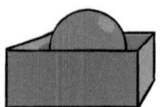

em

в

à frente de

перед

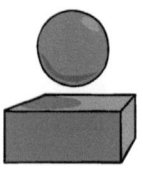

sobre

над

em cima

на

debaixo

під

ao lado

біля

entre

між

lugar

місце